AF259832

DE LA RÉVOLUTION DU DIX-HUIT FRUCTIDOR,

AN CINQUIÈME.

Par Henri LEMAIRE.

. . . . . . Et audience à l'Accusé !

À PARIS,

Au Bureau Général du Mercure de France, chez CAILLEAU, Imprimeur-libraire, rue de la Harpe, n.º 461, en face de celle des Cordeliers ;

Et chez DUCHESNE, Libraire, rue des Grands-Augustins, n.º 20.

AN VII.

DE LA RÉVOLUTION DU DIX-HUIT FRUCTIDOR, AN CINQUIÈME.

J'ÉCRIRAI aujourd'hui que j'ai l'espoir d'être lu. La crainte ne sçut jamais enchaîner ma plume ; mais la certitude de voir mes cris étouffés, m'engagea long‑tems au silence. Que dis‑je ? hélas ! ces cris, devenus funestes au Peuple, dont j'aurais voulu défendre les droits, eussent peut‑être.....＊ Ah ! combien de fois une main imprudente, agitant mal‑à‑propos l'airain sonore, n'attira‑t‑elle pas sur de malheureux villageois, déjà victimes d'une grêle dévastatrice, la foudre qu'elle en voulait écarter !... — Je parlerai avec la noble franchise d'un

homme libre, je ne dissimulerai point mon opinion sur un jour fameux, qui, j'ose le dire, fut un jour de deuil pour les amis *prévoyans* de la République, et dont les conséquences ont traîné mon infortunée Patrie sur les bords de l'abyme ! Je le sais, on a tant de fois, et depuis si long-tems, représenté les actes de cette journée comme le seul obstacle qu'on pût opposer alors à une contre-révolution inévitable, que chacun tremble encore d'en émettre son avis ; et beaucoup peut-être m'applaudiront dans le secret de leur cœur, qui me condamneront en public. Mais, que m'importe ; j'aurai fait mon devoir ! de lâches considérations sont étrangères au bon citoyen. Comme chacune de ses actions a pour but l'intérêt de l'état, il marche toujours intrépide, son isolement ne l'effraye pas, et bravant les vaines menaces dont on cherche à l'intimider, jamais il ne s'arrête qu'après avoir rempli son objet......
Oui, malheur au téméraire qui, voulant

arborer l'étendard de cette royauté si juste-
ment proscrite, tenterait de relever un
trône odieux que la terre de la liberté
engloutit pour jamais; mais, protection à
ceux qui ont versé leur sang pour la République ! Respect aux hommes qui l'ont
servie de leurs lumières, et audience à
l'accusé !.....

Depuis l'événement dont il me faut
rendre compte, bien des jours se sont
passés, bien des larmes ont coulé, bien
des proscrits peut - être ont terminé, dans
le désespoir, une vie qu'aucun crime n'avait
jamais souillée ! il est donc vrai que souvent l'Être suprême abandonne la vertu à
la fatalité des circonstances !....... Croyons
néamoins que si quelquefois il permet
qu'elle succombe, il ne souffre jamais que
sa mémoire soit flétrie, et une immorta-
lité glorieuse succède bientôt à quelques
momens de douleur : *Aristide*, chacun
vante tes vertus ! *Xénophon*, la postérité
pleure sur l'injustice de ta Patrie !... mais

non, ces malheurs qu'elle admet pour l'instruction des peuples, la divinité ne veut pas qu'ils soient le supplice de leurs victimes particulières. Elle a placé dans l'ame de celles-ci une source inépuisable de félicité, et si de tels proscrits tournent, vers les lieux de leur naissance, des regards baignés de larmes, ce sont les maux de leur pays qu'ils déplorent, et non pas un exil injuste. Oh oui ! la Patrie est toujours l'objet le plus cher à leur cœur : *Bélisaire* repousse avec indignation l'offre séduisante des ennemis de Rome, et *Camille* avant lui les chassa des portes du Capitole !......

L'Histoire est un juge impassible. Les événemens n'exercent sur elle aucune influence ; elle s'élève radieuse du sein des troubles, comme le soleil dissipe de sa lumière bienfaisante les nuages qui obscurcissent quelquefois l'horizon. Elle met les hommes à leur place, les événemens dans leur véritable jour, et le masque de l'intrigue ne saurait égarer son pinçeau, qui brave la fureur des tyrans. C'est à elle qu'il appartiendra de prononcer en dernier ressort sur les faits que je vais décrire , et d'assigner aux différens personnages qui vont figurer dans ma narration, l'attitude qu'ils devront garder aux champs de l'éternité.

Elle se reportera d'abord au mois de germinal de l'an cinquième , suivra le peuple français dans les assemblées, où il dût, à cette époque, nommer ses représentans, et je doute qu'elle dise, comme beaucoup de nos contemporains ont osé l'avancer ; je doute qu'elle dise que le peuple français fut alors guidé dans ses choix, par un esprit contre-révolutionnaire. Trop de noms célèbres dans les fastes de la République, sortirent de l'urne élective, pour qu'elle puisse accueillir une aussi absurde calomnie. Si, dans la suite, l'histoire reconnaissait des traîtres parmi ces hommes célèbres, elle dirait que le peuple a été leur dupe ; mais elle ne saurait lui attribuer sa connaissance des desseins perfides , que démentaient leurs hauts faits , et qui se ne seraient d'ailleurs manifestés que par des actes postérieurs à l'élection.

Elle suivra bientôt ces hommes dans l'exercice des grandes fonctions qui leur ont été confiées, et c'est-là que parcourant un cercle immense en quatre mois, elle chargera son burin des plus importantes observations.

Elle verra d'abord tous ces nouveaux élus, dont plusieurs ont long-tems commandé les armées victorieuses de la République, se serrer autour de l'arche sainte, et, animés du génie de leurs commettans, jurer la Constitution, toute la Constitution et rien que la Constitution !...... Par l'effet de ce serment , les esprits qui ne formaient d'abord qu'un même faisceau, se diviseront, et l'histoire fixera un regard observateur et sévère sur l'une et l'autre fraction. Elle verra peut-être celle-ci abolir trop précipitamment et trop inconsidérément, ce que celle-là défend avec trop d'animosité. Elle dira aux uns : « Vous avez tort de rendre le droit d'éligibilité à une classe d'hommes , parmi lesquels se trouvent beaucoup d'ennemis du gouvernement nouveau établi en France , avant de réduire au silence les corrupteurs de l'esprit public ; ces folliculaires qui s'agitent sans cesse , ne sont jamais pour les lois existantes, et ne semblent trouver leur bonheur particulier que dans le désordre général ». Il faut dans une République que chacun puisse dire et écrire librement son opinion sur les actes du Gouvernement ; mais il faut aussi qu'une loi terrible atteigne l'écrivain qui se permet des diatribes contre la forme d'administration publique à laquelle lui-même a juré fidélité et observance. Vous deviez donc, vous , interdire à ces folliculaires toute comparaison insidieuse entre cette nouvelle administration et l'ancienne ; leur défendre sévèrement de rappeler jamais des distinctions honorifiques , que créa l'orgueil et que réprouve la raison, et veiller à ce que, citant malignement des services rendus par certains individus titrés, à la cour des Rois , ils n'invitassent pas le Peuple à leur donner exclusivement sa confiance. Par ce droit d'éligibilité, une égalité parfaite était rétablie entre tous les Citoyens, il fallait la faire observer sous tous les rapports. Gardez-vous bien, tel souvent ne sort de répression , que pour devenir oppresseur...... *Marius* est armé, et les proscriptions de *Marius* succèdent à celles de *Sylla vaincu* !

« Et vous , dira peut-être ensuite l'Histoire aux seconds, vous ne deviez pas défendre ces lois inconstitutionnelles avec animosité ; mais représenter de bonne-foi à vos nouveaux collègues, les dangers auxquels ils allaient, par trop de précipitation, exposer la République ; leur recommander de s'occuper d'abord des moyens de rendre le Peuple du plus difficile accès aux intrigues du royalisme, et proposer amicalement ceux que vous - mêmes auriez cru convenables. Votre conduite n'a pas été telle, et vous avez crié à la contre-révolution ! Quand il s'est agi de la libre profession de tous les cultes religieux, il ne fallait pas vous montrer si animés contre les ministres catholiques en particulier ; ne pas vous opposer à l'exercice de ceux de ces ministres qui avaient refusé, depuis plusieurs années, de prêter serment à une constitution civile, dont l'existence et le souvenir devaient se perdre avec la loi, depuis abolie, qui instituait alors une religion dominante ; mais intervenir encore de bonne-foi dans la discussion, et faire sentir à vos nouveaux collègues, que des ministres religieux doivent à l'Etat un autre serment que les simples citoyens, et que celui-ci a le droit d'exiger d'eux une promesse d'obéissance, d'autant plus formelle et sacrée, qu'ils exercent sur la société une influence plus puissante et plus redoutable (1). Quand enfin on demanda pour les catholiques la permission de s'avertir, par le son des cloches, des heures auxquelles ils rendent, en commun, hommage à la divinité, vous deviez aussi représenter sans aigreur à vos nouveaux collègues, réduits par le spécieux de cette proposition, combien l'admission d'une pareille demande était contraire à l'égale protection que doivent obtenir tous les cultes, et à l'attention que doit prendre le législateur, de ne donner à l'un d'eux aucune attribution, qui puisse choquer les autres, ou leur inspirer des prétentions.... et non pas crier au tocsin de la contre-révolution.....

L'Histoire verra bientôt des hommes cou-

---

(1) Je jure sur les saints Evangiles, sur l'Alcoran.... J.... J.... de ne coopérer directement ni indirectement au retour de la royauté en France, et de n'y prêcher, au contraire, en public et en particulier, que l'amour des lois de la République.

pables chercher à semer la division entre le pouvoir législatif et le pouvoir exécutif, division funeste à l'Etat, et qui ne pouvait manquer de produire les conséquences les plus terribles.

« *Tiens-toi sur tes gardes*, a-t-on dit au dernier, *on en veut à ton existence. Déjà dans telles, telles et telles occasions, on a violé tes droits, et ton nom même n'est plus prononcé qu'avec menaces. Sois jaloux de ton pouvoir*, cria-t-on ensuite au premier; *ne souffre pas que la moindre violation y porte jamais atteinte, et veille : car déjà l'on dédaigne ton empire. Vois-tu cette armée qui s'avance à pas de géans dans l'Italie ; hé bien ! dans sa marche rapide elle a déjà, sans ta participation, permuté le gouvernement de vingt provinces, et tu marches à ta ruine, si tu ne réprimes incontinent cet abus de pouvoir !.... »*

Ce perfide langage obtient tout le succès qu'en attendent des traîtres gagés peut-être par des ennemis extérieures. La défiance semée entre les deux premiers pouvoirs de la République, détruit bientôt cette bonne intelligence, cette harmonie si nécessaire entre des hommes appelés conjointement à faire rouler la machine politique, et qui l'exposent à se briser, s'il n'existe point un concert parfait dans leurs mouvemens pulsatoires. Chacun dès-lors cherche à piquer son adversaire, et chacun aussi croit voir des tentatives ennemies dans chacune des actions de celui que la malveillance lui a opposé.

Mais le grand but est d'anéantir le Corps législatif, afin que l'esprit national, périssant avec lui, prive la République des ressources qui l'ont, jusques-là, défendue de la rage des Rois coalisés. Tous les efforts retournent donc contre lui. On dénature chacun de ses actes, on calomnie ses délibérations, on va jusqu'à qualifier de contre-révolutionnaires, des hommes dont les noms sont chers à la gloire républicaine et à la France libre. Bientôt les soldats trompés crient vengeance du sein de leurs camps, et chaque jour voit éclore des rixes nouvelles entre le paisible habitant des villes et les garnisons. Lé Corps législatif cherche vainement à conjurer cet orage, à rétablir l'harmonie entre les autorités constituées, la paix entre les citoyens-soldats et les soldats-citoyens.... Les esprits ont atteint un degré d'exaspération terrible, il n'est plus tems !.... Un matin, au lever de l'aurore, le canon d'allarme se fait entendre, des troupes nombreuses se répandent dans la ville où siège le Corps législatif. Des détachemens de ces troupes se rendent chez divers représentans du Peuple, qu'ils ont ordre de mettre en arrestation, tandis que le reste marche vers le lieu des séances, pour en fermer toutes les avenues. Cette mesure tyrannique n'éprouve aucune résistance ; elle s'exécute de point en point, et le Peuple désarmé, voit, en frémissant de rage, ses représentans errer de côtés et d'autres, et recevoir pour réponse, quand ils se présentent aux portes du lieu des assemblées, en montrant leurs marques distinctives, cette apostrophe liberticide : « *C'est une excellente raison* » *pour que vous ne passiez pas.....* » Enfin, par qui ont été dirigés les mouvemens de ces troupes, de qui ont-elles reçu l'ordre? de la majorité du Directoire exécutif?.... Et, cette majorité, où a-t-elle puisé le pouvoir de......dans l'exigeance des circonstances : *Salus populi suprema lex*. Belle maxime, qui peut servir à opprimer comme à défendre de l'oppression ! que *Robespierre* avait sans cesse sur les lèvres, et dont l'application ne devrait jamais trouver place chez un Peuple gouverné par une Constitution ; car il me semble que l'unique objet d'une Constitution est de soumettre tous les événemens et tous les individus à l'action régulière des lois. Au reste, quelle est cette exigeance des circonstances, et quels crimes reproche-t-on aux membres les plus illustres de la représentation

tation nationale, qui sont déjà dans les fers?
Les murs nous apprennent que *Pichegru* a
conspiré il y a environ deux ans, qu'*Imbert-
Colomès*, député au Conseil des Anciens,
entretenait une correspondance criminelle
avec les ennemis de l'Etat..... Et c'est parce
que ces deux hommes ont conspiré, qu'on
opprime, qu'on insulte le Corps législatif;
et c'est parce que ces deux hommes ont
conspiré, qu'il n'est plus libre au Corps
législatif de s'assembler!.....!! Mais, il me
semble que toutes ces mesures extraordinaires étaient inutiles; il fallait seulement
s'assurer de la personne des conspirateurs,
de celles de leurs complices, et les dénoncer ensuite au Corps constitué, dont ils
faisaient partie : la Constitution a prévu
ce cas, et a donné au Corps législatif
une action sur lui-même!.....

Cependant ce même Corps législatif
reçoit au bout de quelques heures *la permission* de s'assembler; mais il s'assemblera
ailleurs que dans le lieu ordinaire de ses

B

séances. Oh ! l'on a besoin qu'il consente à *certains actes*, et l'on pourrait craindre ?..... La Représentation nationale, décimée et terrifiée, semble encore trop formidable, on redoute encore la rigueur de ses délibérations, et c'est sous la main du pouvoir qui vient de violer si publiquement ses droits, qu'elle devra délibérer *jusqu'à nouvel ordre*. Quelques pas seulement l'en séparent, et ce léger espace est garni de soldats, par discipline militaire aveuglément soumis au Pouvoir exécutif. A l'autre extrêmité de la ville, on eut pu craindre que ces guerriers rappelés aux devoirs de citoyens français, ne tournassent leurs armes contre ceux qui les avaient trompés ; ici on les surveille, et le premier représentant, d'ailleurs, qui s'aviserait d'élever la voix contre les actes tyranniques de ce jour, serait à l'instant frappé d'anathême.

Des mesures, dites *de Salut public*, sont bientôt proposées au Corps législatif, ou du moins au très-petit nombre d'hommes qui le représentent , et ces mesures sont adoptées incontinent, sans discussion. On produit les pièces imputées à *Pichegru* et à *Imbert-Colomès*, et ces pièces sont suivies d'une longue liste de complices ; ces complices ne figurent nominativement dans aucune des pièces ; mais l'autorité agissante est intimement convaincue que la conspiration, entravée anciennement, dans son exécution par la *délicatesse du patriote Condé*, a été poursuivie par son auteur, et que le Corps législatif en est devenu l'instrument. Comme les hommes désignés ont toujours, dans les discussions législa-tives, émis les mêmes opinions que *Pichegru* et son co-accusé, c'est une preuve qu'ils sont leurs complices ; de-là dérive consé-quemment la nécessité d'une punition égale. Et les deux directeurs compris dans ce nombre ?..... Sur notre honneur et cons-cience, ils partageaient ces opinions ! mal-gré notre juste ressentiment néanmoins, dit-on, n'ensanglantons pas une aussi belle journée, montrons-nous clémens, et que le Corps législatif se contente d'un arrêt de déportation..... Un arrêt de déportation!..... Mais il n'a le droit de prononcer des peines afflictives contre aucun de ses membres..... Et la Constitution ne lui permet que de les mettre en arrestation, pour qu'ils soient ensuite traduits devant la Haute-Cour de justice!...... — La Constitution! la Constitution! c'est bien de cela, ma foi, qu'il s'agit aujourd'hui! ces hommes sont trop puissans dans l'opinion publique, les formes constitutionnelles insuffisantes contre eux ; et nous aimons mieux violer *une petite fois* la Constitution, qu'exciter une guerre civile! — Avant de les condamner, le Corps législatif les entendra du moins à sa barre..... Je ne sais, cette manière de procéder me donne des soupçons, que la discussion des pièces pourra seule faire disparaître..... Puis, il y a tant de *complices*, dont je n'apperçois le nom sur aucune d'elles ! — Non, vraiment, ils ne seront pas entendus ! — Quoi ! vous les condamnerez même sans les entendre ! Mais ce procédé est horrible, révoltant, et des tyrans seuls..... — Tais-toi, tais-toi, tu es un royaliste ! — Eh bien ! dûssiez - vous m'appeler vingt fois royaliste, dussé-je partager leur sort, dût mon courage me conduire à l'échafaud, je vous déclare que je ne regarde tout ceci que comme le résultat d'une machination infâme ; que j'assimile cette journée odieuse à celle du 31 mai, et que..... Mais, d'ailleurs, vous avez affiché les pièces de cette prétendue conspiration; (seule preuve que vous en donniez.) Le but de cette publication est, sans doute, que le Peuple se convainque de la perfidie de ses mandataires. Ce Peuple, vous venez de l'établir ainsi leur juge ? Eh bien ! moi, je vais user du droit imprescriptible qui appartient essentiellement à tout homme, que des circonstances quelconques appellent aux fonctions de juge : je vais discuter les pièces de conviction produites contre les accusés !..... A peine mes yeux se sont-ils fixés sur elles, que ma conscience invoque déjà la loi du talion..... Mais, je vais plus loin, j'admets leur authenticité, que nieront bientôt ceux mêmes sur qui, disait-on, elles avaient été surprises, et cela dans un style, dans une position, à ne point laisser de place aux doutes; j'admets, dis-je, cette authenticité, qu'en résulte-t-il ? que *Pichegru* est un traître, un scélérat, un monstre, qu'il est, si vous voulez, *plus contre - révolutionnaire que Condé* !..... Mais, que reprochez - vous au vertueux *Barthelemy* ? De quel crime est coupable *Carnot* ? Tandis que *Pichegru* trahissait la République, *Barthelemy* la fortifiait de nouveaux alliés, détachait de la coalition l'*Espagne*, *la Prusse*, et, déjouant les intrigues de l'*Angleterre*, maintenait la *Suisse* en état parfait de neutralité!...... — *Carnot*, il a trop fait contre la monarchie, pour être devenu son agent ; il a rendu

de trop grands services à la République,
pour que des républicains puissent le croire
coupable ! L'un des fondateurs de cette
même République ; c'est lui seul qui, par
la grandeur de son génie, l'a défendue de
sa ruine. Pendant ce régime atroce et
désorganisateur, où l'Etat était dans une
anarchie complette, où ceux qui tenaient
les rênes du gouvernement, ne semblaient
occupés que du soin d'égorger leurs concitoyens, et d'asseoir un despotisme odieux
sur les cadavres de tous les français, qui
portaient un cœur énergique, où avaient
jadis montré des talens suspects aux domi-
nateurs. Eh bien ! encore une fois, de quel
crime l'accusez-vous, ce *Carnot* ? Quelles
pièces de conspiration produisez-vous contre
lui ?..... Êtes-vous donc chargés par la
famille des *Bourbons*, de venger la mort
de *Capet* !.....!! O honte ! ô ignominie !
ô renversement de tous les principes !......
Mais, à quoi peut servir cette discussion ?
Son résultat est écrit dans le cœur de tous

les français, et déjà votre front est marqué d'un sceau réprobateur, que ne peuvent cacher les bayonnettes !..... Oui, vos vic-times sont innocentes ! Oui, cette conspi-ration est l'effet d'une invention abomi-nable ! Oui, vous n'avez privé le Corps législatif de ses plus illustres membres, que pour vous emparer ensuite du pouvoir absolu, et faire de cette première autorité constituée, un véritable mannequin ! Oui, vous êtes des traîtres ! Oui, l'accusation dirigée contre vous avant ce jour de tyran-nie, était méritée ! Oui, je vous ai traités trop indulgemment, en vous supposant d'abord égarés, égarement que je n'aurais dû attribuer qu'à un seul d'entre vous (1) ! Oui, la suite va prouver que votre dessein était effectivement d'opprimer le Corps législatif, et d'en faire l'instrument de votre volonté, comme la Convention natio-nale décimée, fut jadis celui du comité de Salut public !.....

____

(1) Je m'expliquerai plus tard sur cette exception.

Que devint la Constitution après ce terrible événement? On parle bien souvent d'elle; mais on ne l'observe jamais! Tous les actes se font en son nom, et on la déchire feuille à feuille! Le Peuple est privé de l'exercice du premier de ses droits; il lui est défendu de manifester ses opinions politiques. Ce n'est pas un juste frein imposé au royalisme; c'est la liberté de la presse entièrement proscrite! Les journaux sont soumis à une inquisition odieuse, et l'homme de letres qui ose manifester son amour pour la liberté ou son indignation, dans des brochures, rencontre bientôt des fers et la déportation! Cet ordre de choses à qui est-il favorable, à qui nuisible! vous avez dans les mains, pour faire exécuter vos arrêts, une force physique, à laquelle nous ne pouvons opposer que des réclamations; et vous venez d'assurer le succès de vos vexations, en ôtant aux citoyens de l'Empire la faculté de communiquer, par le moyen propagatif de l'imprimerie !..... Toute la force du Corps législatif est morale, et les écrivains vous étant désormais soumis, cette force n'existera qu'autant et aussi long-tems que vous le voudrez bien ! Et quel effet produit votre influence sur le Corps législatif? Des propositions atroces, que *Marat* lui-même n'eût osé faire, sont plaidées à la tribune nationale. A la fin d'un fort long rapport qui est un tissu de sophismes monstrueux, et a pour objet les ex-nobles, je lis cette phrase : « *l'exclusion des nobles du droit de cité, est donc le premier moyen de conservation ; et si cette exclusion ne nous suffit pas, si les troubles, les divisions sont encore les fruits amers de la seule présence des nobles, il faut s'en débarrasser, deux moyens se présentent : les exterminer, les expulser......* (*Suivait un projet de résolution en conséquence du dernier mot.*)» Hideuse alternative ! Et ces deux mots ont trouvé place dans la bouche d'un homme que le peuple français a honoré du caractère

auguste de son représentant !....!! *Les exter-*
miner, ou les expulser..... Les exterminer !....
O Saint-Barthelemy, tu n'es donc pas un
crime inoui !.....!! Je le sais, cette logique
affreuse fut repoussée par un sénateur
français, et digne de ce nom (1); le décret
qu'on sollicitait ne souillera pas les archives
du Corps législatif! Mais quelles qualifi-
cations cet homme courageux ne reçut-il
pas des journaux (2), des journaux sur
lesquels vous aviez un empire absolu,
qu'en certaines occasions vous punîtes si
rigoureusement pour si peu de chose, et
qui furent impunis ce jour là ?..... (3) Ce

---

(1) *Serres* , des Hautes-Alpes.

(2) Je suis juste. Plusieurs prirent sa défense, et le
firent avec beaucoup d'énergie.

(3) Quelques jours après fut faite cette proposition, de
punir tout citoyen *qui se refuserait de croire à la vérité*
de l'accusation intentée contre les victimes du 18 fruc-
tidor! Cependant cette fois mon esprit rencontre une
alternative ; la phrase était effectivement d'un homme
bien *forcené* ou *bien adroit.*

représentant fut traité d'égorgeur ; on lui imputa les crimes que vous aviez déjà imputés au déporté *Willot*, crimes que vous auriez dû arrêter et dénoncer dans le tems qu'ils se commettaient : car alors ce *Willot* n'avait, dans les départemens du Midi, d'autre autorité que celle de général ; cette autorité, il vous la devait ; dans l'exercice de cette autorité il avait reçu de vous maint éloge, et cette autorité enfin, sa nomination au Corps législatif la lui retira seule..... Et voilà l'homme que vous accusez d'avoir organisé l'assassinat des Républicains dans le Midi : qu'on vous juge !...... Je sais bien encore que vous allez vous récrier que cette proposition exterminatrice ne venait pas de vous ! qu'elle appartient toute entière au Conseil

---

« Il faut donner, de cette comparaison, des preuves si évidentes, que personne n'en puisse douter, et punir rigoureusement ensuite tous ceux qui la révoqueraient en doute.

des Cinq-Cents ! Oui, cette objection rentrè parfaitement dans votre plan , et la proposition aussi ; il fallait avilir le Corps législatif, lui attirer la haîne du Peuple, et l'occasion était superbe ! Mais on vous répondra, qu'à cette époque, le Corps législatif était entièrement sous votre dépendance ; qu'aucune proposition n'y était faite, qu'elle n'eût, au préalable, obtenu votre assentiment, ou du moins, celui de l'un d'entre vous (1). Et pour preuve, on vous citera *certain message*, par lequel ce même Conseil des Cinq-Cents , accablé de réclamations , vous demanda si l'on pouvait faire des exceptions à la loi de déportation du 19 fructidor, (ô témoignage précieux de l'intime conviction, nécessaire à des juges qui con-

---

(1) Le public dit alors que la proposition avancée contre les nobles , était l'une des conceptions monstrueuses d'un homme, dont le nom n'a pas besoin d'épithète , de *Merlin*. On attribua aussi à *Barras* , une résistance honorable.

damnent !) et on vous rappellera que ce Conseil traita votre réponse en ordre, et l'opposa, comme un obstacle invincible, à l'épouse du représentant *Paradis*, pour qui elle sollicitait une radiation *de mise hors la loi* !.... D'ailleurs, ne répétiez-vous pas sans cesse au Corps législatif, par l'organe du journal officiel, ou tout autre à vous dévoué, que de votre indépendance seule pouvait résulter le salut de la République ? Voyons donc quel effet a produit la crédulité libre ou contrainte du Corps législatif à cette assertion ; et sans parler des abus particuliers dont elle fut cause, des malheurs individuels qu'elle occasionna, sans compter les victimes innocentes qui, depuis le mois de vendémiaire an VI, pourrissent au fonds des cachots, ou ont été jetées dans des îles désertes, attachons-nous aux objets généraux, jettons un coup-d'œil rapide sur la situation intérieure et extérieure de la République, et tâchons, s'il est possible, de ne rencontrer que de la négligence , ou de l'incapacité, là où beaucoup prétendent appercevoir de la trahison et de la perfidie !

Au-dedans, je ne vois que découragement, impatience , mécontentement. *Découragement*, parce que chacun a vu avec effroi, se rallumer, plus terrible que jamais, une guerre qu'on croyait éteinte , et qu'effectivement il ne tenait peut - être qu'à vous d'éteindre. *Impatience* , parce qu'un joug odieux pèse sur toutes les têtes ; que cette tyrannie sourde qui choisit ses victimes dans l'ombre , et les égorge au sein des ténèbres, n'échappe à personne , et que , d'ailleurs , les charges publiques semblent s'accroître à proportion que les fortunes particulières diminuent. *Mécontentement*, parce que le produit de ces charges ne sort des mains du Peuple , que pour engraisser une nuée de vampires qui viennent ensuite braver sa misère par un faste insolent ; parce que ce Peuple ne peut plus voir dans les victoires précédentes de

nos armées , que des calamités publiques,
puisqu'elles ont servi à exagérer vos prétentions , et à nous attirer même de nouveaux ennemis. Cependant, le commerce
languit, les arts tombent en désuétude ;
chacun voit ainsi ruiner ses moyens d'existence , et chacun, égaré par le malheur,
prête l'oreille aux consolations perfides et
aux espérances criminelles des malveillans.

Que dirai-je de la situation extérieure
de notre Patrie ? si je m'occupe de ses
relations politiques avec les peuples voi-
sins , que la nature de leur gouvernement
et la reconnaissance nous doivent avoir
attachés si étroitement depuis trois ou
quatre années ; je n'entends par-tout que
des cris de rage et des chants de vengeance. Je m'indigne , je demande à ces
ingrats compte de leurs sentimens ; mais
ils me répondent que la République française , depuis long-tems , n'est plus, pour
eux cette mère bienfaisante qui leur a
donné la vie ; qu'en son nom, se sont
commis

commis dans leur sein des excès atroces ; qu'ils ont perdu leur liberté par des révolutions vraiment *olygarchiques* (1) , que commandèrent nos gouvernans. Incrédule, je feuillette leurs annales, et j'y trouve la preuve de ce qu'on vient de m'avancer : je vois ces Nations alliées subir fréquemment des révolutions, dont chacune donne au Peuple qu'elle attaque, une impulsion contraire, et qui semblent ne se succéder si rapidement que pour le fatiguer, lui faire haïr cette liberté , qu'il a d'abord chérie, et le jeter ensuite dans les bras du premier Monarque qui se présentera sur ses frontières. Je cherche quels ont pu être les lâches instrumens de ces bouleversemens désastrueux , et je frémis d'horreur en reconnaissant nos enragés , qui , transformés en agitateurs, président à toutes ces révolutions , et insultent encore par une amère ironie aux patriotes qui, dans

______

(1) République Cisalpine , par exemple.

C

ces momens de terreur , osent élever la voix, et se plaindre de cet abus du plus saint caractère.

Si je suis nos agens diplomatiques dans les pays éloignés , je les vois entourés d'une défiance funeste, qui les prive de toute influence , et nous empêche nous-mêmes de recueillir le fruit des inquiétudes et de l'indignation que ne manquerait pas d'inspirer aux cours neutres, la coalition sans cesse croissante, dirigée contre nous, si elle avait pour objet la ruine d'un Etat, qui eût su isoler moralement ses premiers ennemis , dont les intentions fussent plus rassurantes, et les prétentions moins exa-gérées.

Nos armées !..... Ah ! je n'aborde cette partie de la discussion qu'avec un extrême dégoût, qu'avec des mouvemens d'horreur que j'ai peine à contenir ! Comment ces armées, si long-tems victorieuses, sont-elles tout-à-coup défaites et ruinées en quelque sorte ?..... Ont-elles vu décroître le nombre de leurs combattans ? Non; de nouvelles levées les ont recrutées à deux reprises, en tems de paix ! Ont-elles été attaquées par des forces supérieures, et l'ennemi a-t-il reçu des renforts ignorés ? Non, elles-mêmes ont offert la bataille, et nous avons eu le tems de suivre de l'œil les renforts que l'ennemi a reçus, et qui ne l'ont joint qu'après une *longue et lente* marche ! Ont-elles donc cessé de voir à leur tête les généraux qui les guidaient jadis à la victoire ? Oui ; et c'est une vérité sur laquelle il faut s'arrêter quelques instans, avant de passer à la discussion des deux premières questions, qui, aussi, ont *indirectement* une grande part aux échecs éprouvés par nos troupes.

L'intrépide *Buonaparte*, montrant ses bayonnettes aux portes de Vienne, avait forcé l'Autriche à signer des préliminaires de paix, singulièrement avantageux à la France ; et tous les hommes sensibles, charmés de la modération qui venait de

l'arrêter soudain, au-milieu de ses victoires, l'appelaient au congrès, où devaient se stipuler les intérêts des membres
de l'Empire Germanique , et être signée
cette paix définitive , si glorieuse et si dé-
sirable pour nous. Chacun espérait que
sa présence , et la terreur de son nom ,
précipiterait les opérations d'une assem-
blée de sa nature si lente et si indécise.
Le gouvernement sembla vouloir secon-
der ce vœu général ; mais à peine *Buonaparte* a-t-il entamé quelques confé-
rences, que des ordres de ce même gouvernement le rappellent à Paris. Alors,
il n'est plus question pour lui d'une am-
bassade , mais bien d'une expédition militaire ; expédition qui , choquant les intérêts d'un peuple éloigné , va peut-être
nous susciter un nouvel ennemi , dont
personne n'augure , pour le présent, rien
de bien avantageux, et qui nous privera
certainement d'un homme dont la présence nous est au moins nécessaire jusqu'à

la conclusion de la paix. *Buonaparte* obéit, et s'embarque pour l'Egypte, tandis que d'autres envoyés courent à Rastadt, où l'Autriche, souriant au départ du héros, prépare ses filets diplomatiques.

Les négociations traînent, cependant, en longueur. Des difficultés multipliées ne s'applanissent, que pour faire successivement place à d'autres obstacles. Les mois s'écoulent, des années se passent ; et enfin, la cour de Vienne, enhardie par l'arrivée de soixante mille barbares, qu'elle a appelés du fond de la Russie, et qui, depuis long-tems, fixent l'attention *muette* et *inactive* de nos gouvernans, resserre son porte-feuille, se montre moins disposée aux sacrifices, et menace même bientôt........ Nos plénipotentiaires se retirent, sommés insolemment de le faire, ils sont assassinés en route par des soldats autrichiens ; et, après plus de deux années de pour-parlers, on nous annonce qu'il faut procéder à une guerre d'extermination! l'attentat horrible commis sur des ministres de paix, est dénoncé à nos armées : elles frémissent, crient vengeance, et demandent le signal des combats ; mais, les guerriers italiques ne sont plus commandés par ces officiers intrépides, qui, suivant à Vienne un chef immortel, semblaient ces héros qu'un demi - dieu conduisit jadis au siège d'*Ilium*. Que sont donc devenus des hommes si précieux à l'état ? Ils gémissent dans les fers, ou doivent à l'obscurité l'oubli des *soutiens de la République*, qui proscrivent les vainqueurs des Rois ! Envoyé, avec des forces inégales, contre le monarque délirant des deux Siciles, *Championnet* quitte un glaive victorieux, pour prendre les fers de l'ignominie ! Le brave *Joubert*, persécuté, renonce au commandement, et expie, dans une douloureuse inaction, *le crime* d'avoir fait trembler les tyrans coalisés contre sa Patrie !...........!!

De nouvelles levées, à deux reprises,

ont dû doubler le nombre de nos combattans ; mais ces levées n'ont reçu qu'une
demi - exécution. Il était intéressant pour
les dilapidateurs, qu'un grand nombre de
soldats fut supposé sous les armes ; il
était intéressant, pour des hommes, qui
ne se maintenaient que par la terreur, de
tenir, dans leur dépendance, la plus grande
partie de cette jeunesse ardente, que révolte toujours la tyrannie ; mais il im-
portait aux traîtres, que sa bouillante impatience ne se tournât point contre l'ennemi de l'état ; et de-là, le dégoût dont
on cherchait à fatiguer ceux, qui, fidèles
à la voix de la Patrie, couraient aux
armées !

Nos braves d'Italie n'ont point été attaqués, ils ont au contraire attaqué ; et
l'ennemi eut été vaincu, malgré la supé-
riorité de ses forces, si le général avait
fait des dispositions plus avantageuses, si
les colonnes républicaines , qui l'avaient
poussé jusques dans ses derniers retran-

chémens, n'eussent été tout (1) d'un coup abandonnées à leurs seules forces ! Ces valeureux soldats, forcés de battre en retraite, n'auraient pas non plus manqué de munitions le lendemain, si nos magasins, par une manœuvre qui révolte celui même que le génie militaire n'a jamais inspiré, ne fussent tombés au pouvoir de l'ennemi !.........

Eh ! bien, traîtres, voilà le résultat de cette prépondérance, de cette domination que vous aviez usurpée sur le Corps législatif ! Quel *avantage* pour l'état ! Quelle *fortune* pour la République ! De cet examen, trop précipité, trop indulgent, peut-être encore, résulte la preuve évidente d'une trahison abominable.

Oui, d'une trahison ! Car il n'est plus possible, après un tel examen, d'attribuer

____

(1) Malgré le soin de *certains* hommes à déchirer les affiches, on a lu *certaine* lettre signée d'un officier de l'armée d'Italie.

nos malheurs à votre inexpérience, à votre incapacité !......

Si je suis parvenu à prouver, en rappelant le cours fidèle des événemens, en citant des faits positifs ; si, dis-je, je suis parvenu à prouver que vous n'avez opprimé le corps législatif, que pour la ruine de votre pays ; que chacun de vos actes, ensuite de cette oppression, a été réellement un pas vers la contre-révolution, qui servit de prétexte à l'arrêt illégal et inouï des hommes courageux dont vous craigniez les lumières et le patriotisme ; m'est-il nécessaire de rappeler l'attention de mes lecteurs sur les actes de la journée de laquelle datèrent tous ces désastres ? Oh ! s'il restait encore quelque doute dans leur ame, je leur dirais : « Prenez ces pièces de conspiration, produites contre le vainqueur de la Hollande ; lisez-les, et chaque ligne, chaque mot, chaque syllabe, vous convaincra de leur fausseté Vous y verrez un homme perfide, qui,

armé contre sa Patrie, se traîne ignomi-
nieusement depuis six ans, à la suite des
armées de l'Autriche, et l'a excitée lui-
même à déchirer son sein; refuser de pro-
fiter d'une trahison, parce que cette trahison tend à confier provisoirement la
garde de nos places fortes aux soldats ennemis, et qu'il lui répugne de livrer l'entrée
de son pays à un peuple étranger; lui
qui, lors de l'invasion des Prussiens, figu-
rait à la tête de leur armée, et inondait
la ci-devant Champagne de proclamations
royales, dont le but était d'engager les
habitans à ouvrir leurs portes à ces mêmes
Prussiens!........ Le sourire de l'incrédulité
agitera vos lèvres, en poursuivant plus
loin cette lecture, et reconnaissant que ce
Pichegru, si porté d'inclination pour l'*Au-*
triche, qui ne veut rien faire sans son con-
cours, est arrêté dans l'exécution d'un
projet tout en sa faveur, par le refus de
l'insignifiant *Condé*, dont il peut se passer,
et qui ne saurait lui être d'aucun obs-

tacle ; car ce *Condé* commande à peine quelques centaines d'hommes, lesquels encore ne se sont jamais distingués dans les nombreuses armées ennemies , que par leur lâcheté et leurs brigandages. Vos réflexions déjà fixées par l'étonnement de ne pas voir ce misérable chef de fugitifs chercher à tirer vengeance de *Pichegru*, en faisant parvenir d'une manière quelconque, la connaissance de cette affaire au gouvernement français ; vos réflexions, dis-je, en faveur de l'accusé, prendront un nouveau degré de force, en appercevant bientôt, à travers le voile sous lequel on veut perdre une dénégation précieuse, un émigré prétendu initié dans ce mystère, et sur lequel on dit avoir trouvé plusieurs lettres de *Pichegru*; nier qu'elles soient réellement sorties de son porte-feuille et prendre ainsi la défense d'un homme , qui seul est cause de la non-contre-révolution ; et dont chacun de ceux qui y ont un intérêt aussi grand que d'*Antraigues* , doit voter la mort ! Vous vous étonnerez encore, que, plus de deux ans après l'époque de la négociation entamée à ce sujet, on puisse trouver dans le caisson d'un autre émigré, des papiers qu'il était pour *Condé* du dernier intérêt d'anéantir, et qui, tombant entre les mains des Autrichiens, par mille circonstances qu'il est impossible de prévoir, et qui se renouvellent chaque jour à l'armée, eussent provoqué le massacre de tous les traîtres qu'il avait rassemblés sous ses drapeaux, et préparé sa propre perte. Vous rapprocherez, enfin, les à-propos, et reconnaîtrez que la trame de cette odieuse conspiration est attribuée à *Pichegru*, dans le moment où il vient, par une manœuvre savante, et qui l'égale à *Turenne*, d'arracher si glorieusement nos phalanges surprises, aux vains calculs des plus célèbres capitaines ennemis. Le style de cette correspondance, d'ailleurs supposée, celle de deux personnages qui doivent savoir écrire, ne vous surprendra pas moins, que les absurdités qu'on y rencontre à chaque ligne ; et, riant des *sottises* du mal-adroit contrefacteur, vous admettrez la possibilité d'un faux, convaincus qu'il est des hommes qui ne connaissent que l'or, que l'or seul fait agir, qui se taisent pour de l'or, qui parlent pour de l'or, et savent enfin changer, en *conspirateurs de toutes formes*, les hommes purs qui ne leur offrent point d'or ?......

S'il s'agissait ensuite de repousser les différens chefs d'accusation imputés au Corps législatif de l'an 5 en masse, je ne présenterais plus que des faits, des citations. On a accusé le Corps législatif d'avoir saisi avidement les moindres prétextes, pour attaquer et paralyser le pouvoir exécutif, dirais-je ? eh bien, écoutez ce même *Pichegru* à la tribune nationale, sur le dépassement vrai ou faux, innocent ou criminel, de la ligne constitutionnelle par divers corps de troupes : (1)

____

(1) 8 Thermidor.

« Pourquoi le sud de Paris a-t-il vu des
» troupes, tandis qu'on annonce que l'objet
» du rassemblement était une expédition en-
» treprise à Brest? Pourquoi la marche de
» huit régimens....... etc....... etc.......

» Nous aurions pu remonter à la source
» de l'ordre, et découvrir le signataire : mais
» *notre respect pour la constitution* nous a
» arrêtés....... etc...... etc. »

Encore un moment d'attention, il s'a-
dresse à ces mêmes troupes..... (On a
osé dire que le mot de République n'était
jamais sorti de sa bouche; cette partie
du discours va donner plus qu'un dé-
menti.)

« Et vous, soldats, écoutez la voix d'un
» homme qui vous respecte, parce qu'il
» honore vos vertus, qui vous aime, parce
» qu'il a partagé vos dangers et votre gloire;
» gardez-vous de souiller vos lauriers. On
» vous dit que vos concitoyens sont royalistes,
» on vous trompe; que vos représentans sont
» royalistes, on les calomnie.... Non, l'amour

(47)

» de la patrie, l'esprit républicain ne sont
» pas refroidis : nous sommes tous animés de
» son feu sacré. Que les factions se montrent,
» nous les combattrons toutes avec bonne
» foi, nous les repousserons avec vigueur!....

» Soldats, sous la monarchie, votre devoir
» était une obéissance aveugle ; sous la répu-
» blique, vous devez vos armes et votre sang
» aux *institutions constitutionnelles*. La
» nation vous réserve des asyles honorables
» et de justes récompenses, vous ne devez
» combattre que pour ses lois. »

On a accusé le Corps législatif de l'an 5,
d'avoir insulté les défenseurs de la Patrie,
et particulièrement les troupes employées
en Italie ; suivez à cette même tribune,
ce *Thibaudeau*, qui ne dut son salut qu'à
une indulgence insultante ; suivez-le avec
attention, car son discours répond aussi à
une infinité d'autres reproches. (1)

(Il est question du message du Direc-

---

(1) 4 Fructidor.

toire, en réponse à celui qui lui fut envoyé par le conseil, relativement aux délibérations des armées.)

. . . .
. . . .
. . . .

« L'objet du message relatif aux délibéra-
» tions des armées, est plus important. La
» Constitution a été violée, les pouvoirs con-
» fondus, l'autorité civile menacée....Des sen-
» timens généreux exprimés dans ces adresses,
» appartiennent à leurs auteurs, et ont la même
» source que leur gloire. Les projets criminels,
» les menaces odieuses, les principes anar-
» chiques appartiennent à quelques factieux,
» peut-être à l'étranger, jaloux de voir les
» armes des Français teintes de leur propre
» sang.

» On a écrit au milieu de nos camps, que
» le Corps législatif suivait un plan royaliste (1),
» et l'audacieux existe, et le Directoire n'a
» encore rien dit ; et nous nous disons libres

____

(1) *Bayeul*, tu avais alors faim ou soif........ de proscription !

et

(49)

» et républicains ! Ah ! si de tels attentats
» étaient impunément renouvelés, il faudrait
» se dévouer à la mort sur les ruines de la
» liberté.

» Aujourd'hui, c'est le Corps législatif qu'on
» attaque ; directeurs, demain ce sera vous :
» malheur à l'autorité qui fonde sa puissance
» sur des bayonnettes ! . . . .
. . . .
. . . .
. . . .
. . . .

Parlant de nos guerriers :

« Plus leurs services ont été grands, plus
» il faut leur rappeler qu'ils n'ont vaincu
» que pour la patrie : le tems de l'ancienne
» Rome, où diverses légions ne connaissaient
» plus Rome, mais leurs chefs, est passé.
» Ces chefs ont-ils été attaqués, blâmés, dé-
» savoués ? Quelle voix s'est élevée contre
» eux ? celle de quelques écrivains anarchiques.
» Qu'ont-elles de commun avec vous ? vous
» éclairerez donc l'armée : citoyens, avant
» d'être soldats, vos défenseurs redeviendront

D

» citoyens ; ils vous demanderont compte du
» maintien de la Constitution. . . . . .

. . . . ,

. . . .

» Les prêtres rentrent , dit le Directoire ;
» mais il ne peut regretter les tems des pros-
» criptions en masse, et les excès du fanatisme
» révolutionnaire. Tolérance et déclaration
» de fidélité aux lois , voilà les bases de nôtre
» législation.

» Les émigrés rentrent. Qui les rappelle ,
» les favorise ? ce n'est pas vous. A l'égard
» de Toulon et du Bas-Rhin , vous n'avez
» fait que confirmer les décrets de la Con-
» vention , et cependant , tous les moyens
» de police , tous les moyens de force , tous
» les moyens arbitraires même sont aux mains
» du Directoire. . . . .

. . . .

» Les acquéreurs de domaines nationaux
» sont inquiets ; mais la loi commune les
» garantit , et dernièrement la loi sur les
» presbytères et celle sur les biens séquestrés ,
» sont une profession de foi éclatante.

» Des assassinats se commettent ; il faut
» le dire avec la même franchise ; le sang a

» coulé sur divers points , les partis ont les
» poignards levés et les factions sont aveugles ;
» mais si la passion est plus forte que la loi,
» souvent elle cède à la voix de la justice et
» de la probité courageuse : c'est en s'élevant
» unanimement contre tous les assassins, que le
» Corps législatif peut aider le gouvernement
» à les faire cesser.

» Des opinions individuelles ont paru alar-
» mer ; mais des opinions sont-elles des lois?
» Et où est la république , s'il faut être ici sage
» par prudence, modéré par contrainte ,
» circonspect par politique. S'il n'y avait
» pas d'erreurs , à quoi servirait la sagesse ?

» Enfin , le Directoire dénonce les journaux.
» Nous devons l'avouer avec lui, il n'est plus
» possible de tenir au débordement de pam-
» phlets , de journaux , de placards , au
» milieu desquels la licence même ne connaît
» plus de bornes. C'est une dérision que de
» prétendre à faire marcher dans cet état ,
» un gouvernement qui repose sur l'opinion.
» Il faut renoncer à ces systêmes métaphy-
» siques qui n'organisent que l'anarchie ; les
» élémens d'une bonne loi ont été indiqués ,

» et une commission les présentera incessam-
» ment.

. . . .

. . . .

» On dit que le Conseil veut accuser ; que
» le Directoire veut se rendre aggresseur. Le
» Conseil ne peut accuser, puisqu'il ne l'a
» pas fait ; le Directoire ne peut se rendre
» aggresseur : cette idée fait frémir. . . .

. . . .

. . . .

» Directoire, regarde tes flatteurs ; ils sont
» dans les partis exagérés. Ils appellent une
» sanglante catastrophe : qu'elle soit évitée ;
» que la sagesse préside à nos conseils, que
» les hommes absens soient protégés, que
» les proscrits ne veuillent pas proscrire,
» qu'une licence effrénée soit arrêtée, qu'en-
» fin, on cesse de regarder la République
» comme un parti. Craindriez-vous quelques
» esclaves indignés d'être libres, et concevant
» d'absurdes projets, ou quelques manouvriers
» révolutionnaires, effrayés de leurs propres
» crimes ? Non, ils n'ébranleront point la
» République ; elle appartient à l'avenir, elle
» a vieilli chez l'étranger, elle fait aujourd'hui

» une grande épreuve de sa force. . . . . .

. . . .

» Et vous, soldats, qu'il faut censurer au-
» jourd'hui, mais admirer toujours, croyez
» que la liberté ne s'affermit que par les lois.
» Vos ennemis sont ceux qui vous ont conduits
» à l'injustice d'un soupçon : le Corps législatif
» est la citadelle de la Constitution, et vous
» alliez l'asssiéger ! Qu'elle serve désormais
» d'asyle à tous les amis de la liberté, la
» République y réside glorieuse de vos
» triomphes et cimentée de votre sang.

Faut-il pour prouver que le Corps législatif de l'an 5 ne voulait pas nullifier
le Directoire, rappeler ce qui fut dit un
jour qu'on proposait des mesures contre
lui, pour le punir d'avoir, à tort, disait-on,
destitué des administrateurs départemen-
taux, entendez *Dumolard* : (1)

» Lorsqu'il s'agit de principes clairs et po-
» sitifs, il est inutile de citer des faits. Sans

____

(1) Le 8 fructidor.

D 3

» doute, songeant à ce qui se passe, et au dé-
» bordement de destitutions annoncées comme
» surprises au Directoire par la malveillance,
» il est naturel de trouver quelques fonde-
» mens à la motion du préopinant ; mais
» lorsqu'on voit la chose en grand, sans
» acception des personnes et des individus,
» lorsqu'on se pénètre de la nécessité du
» *maintien absolu de la Constitution*, on
» reconnaît que les articles les plus formels
» repoussent la proposition, et que cette pro-
» position tend évidemment à confondre tous
» les pouvoirs, et à briser toutes les limites qui
» les séparent. Que quelques abus ne nous
» aveuglent pas, que les hommes ne nous
» fassent pas détruire la chose. Un pouvoir
» énervé est bientôt détruit. (1) »

---

(1) Néanmoins il faut avouer qu'il y a un peu de perfidie dans mon fait. Je parle bien de ce qui a été dit pour affermir le pouvoir exécutif ; mais j'ai la mauvaise foi de garder le silence sur les *manœuvres coupables, les discours criminels*, par lesquels on a attaqué ce pouvoir, en lui reprochant d'avoir livré à la vengeance du despote hongrois les vénitiens, qu'il avait d'abord excités à une révolution républi-caine !.....!!

(A la suite de ce discours, question préalable sur la motion du préopinant, adoptée à une immense majorité.)

On a accusé le Corps législatif d'avoir refusé au Directoire les moyens de finance nécessaires, afin que les armées manquassent de tout. On l'a aussi accusé d'avoir négligé les intérêts de ces braves armées, et les récompenses qui leur étaient promises depuis si long-tems.

Cependant, dans la séance du 14 *fructidor*, le Conseil ordonne l'impression, à six exemplaires, d'un discours du général *Jourdan*, qui appelle la générosité de la nation française sur la mère de *Marceau*. Renvoi de la pétition de cette femme intéressante à une commission, pour en faire un prompt rapport.

Vidalot saisit cette occasion, pour demander que la commission des finances présente au Conseil les moyens nécessaires pour mettre à la disposition du ministère les fonds que la loi destine à titre de secours aux familles des défenseurs de la Patrie.

Bentabolle rappelle ensuite le milliard promis aux guerriers, et demande que la commission nommée à cet effet, fasse un prompt rapport. *Ces deux avis sont adoptés par le Conseil.*

Thibaudeau, le 15 fructidor, invoque des contributions indirectes; il témoigne l'extrême répugnance qu'il s'est senti à proposer ce moyen; mais les besoins de l'État l'y déterminent. *L'armée de Rhin et Mozelle n'a rien reçu depuis trois mois.*

» Les factieux, dit enfin *Dumolard,* dans
» la séance *du* 19, les factieux ont été effrayés
» de leur solitude, et ils ont appelé l'armée
» à leur appui; mais l'armée les repousse avec
» horreur, et sera fermement attachée à
» *l'acte constitutionnel* : un moment égarée,
» elle connaîtra la vérité et les scélérats pro-
» fonds qui ont voulu l'armer contre sa
» Patrie.

Encore *Dumolard* dans la même séance,

il parle de la faiblesse que quelques personnes reprochent au Conseil des Cinq-Cents.

« C'est dans cette faiblesse apparente qu'est
» notre force ; aux calomnies, nous répon-
» drons par nos actes ; nous forcerons le gou-
» vernement, que ses flatteurs égarent, à se
» rapprocher de nous ; nous éteindrons le bran-
» don de discorde qu'on allume ; nous ne rele-
» vrons le gage du combat, que si *la Consti-*
» *tution est en danger.* »

Tallien croit que quelques mots lâchés par *Dumolard*, au commencement de la séance, sur les assassinats de septembre et les dépré-dations exercées à Bordeaux par des hommes puissans, *Tallien*, dis-je, croit que ces mots l'ont pour objet, et reclame la parole. On refuse de l'entendre. Il invoque la justice due à un accusé, et à l'instant un concert unanime lui assure le silence........

Un homme obtient la parole pour se justifier d'une inculpation *indirecte* : on la lui refusait d'abord ; mais aussitôt qu'il l'a demandée comme justice due à un accusé, on a fait le plus profond silence ?........., et, huit ou dix jours après, on reproche au Corps constitué, au milieu duquel ce fait a eu lieu, d'avoir étouffé la liberté des opinions dans son sein, refusé d'entendre ceux que la calomnie venait y atteindre ! Et les plus illustres membres de ce Corps constitué, succombant sous le poids d'une accusation *directe*, sont condamnés sans avoir été entendus !.....!

Parmi les hommes de bonne-foi, qui doute, cependant aujourd'hui, ou plutôt qui a jamais douté, que cette journée du 18 Fructidor ne fût le commencement d'un plan organisé pour opprimer et perdre la République, et l'effet d'une trame ourdie depuis long-tems ? Le désordre, le trouble, ne s'introduisit dans le Corps législatif de l'an V, qu'à compter du moment où l'on y apperçut des indices de cette trame. Les mesures extraordinaires qui y ont été proposées, prirent

toutes naissance dans la nécessité et l'em-
barras de repousser une aggression aussi
étrange. Il ne faut donc pas malignement
les isoler, mais les présenter par ordre de
dates, et avec la masse des événemens.
Oui, des hommes ambitieux avaient résolu
d'opprimer la Représentation nationale ;
les faits antérieurs et postérieurs en offrent
la preuve convaincante ; et, cette vérité
une fois admise, on ne voit plus, dans l'é-
vénement du 18 Fructidor, que l'effet
de ce dessein perfide ; dans la conspiration attribuée aux plus respectables membres de la Représentation nationale, que
son moyen d'exécution ; et, dans la con-
damnation de ses membres, un acte
arbitraire et tyrannique, qui devait disparaître avec l'usurpation de ceux qui l'ont
consommée.

Dignes Représentans, qui venez de briser
le joug despotique ; « non, vous diront
d'ailleurs, par mon organe, les proscrits
dont je plaide la cause ; non, nous ne

voulons pas d'amnistie, nous ne deman-
dons pas de grace. Mais nous invoquons
la justice due à un accusé, nous invoquons
l'article le plus sacré du Contrat Social :
Qu'on nous juge! Si nous avons réellement
conspiré, notre tête doit rouler sur un
échafaud ; mais si nous sommes innocens,
on doit nous rendre à la liberté, à l'honneur, à l'existence civile! La condam-
nation prononcée contre nous est nulle
de droit. Notre position est celle de
l'homme condamné par contumace, avec
cette différence encore, que nous avons
sur lui l'avantage de ne nous être pas
soustraits volontairement à l'action de la
justice, et de lui avoir été, au contraire,
arrachés par ceux mêmes qui ont dicté
notre arrêt. Aujourd'hui les circonstances
ont changé, nous pouvons faire entendre
notre voix, et la France ne retentira que
d'accens dignes de nous..... Non, encore
une fois, nous ne voulons rien qui res-
semble à une grace, à une amnistie : *qu'on*

nous ajourne ; qu'une discussion solemnelle s'établisse sur la conspiration qui nous est imputée, et que la justice décide de notre sort !......!! (1).

Que répondre ? On ne peut m'opposer de principes, on va divaguer, on va s'écrier qu'on ne saurait admettre ma proposition, sans plonger l'Etat dans de nouveaux malheurs, sans faire de nouvelles et nombreuses victimes, sans livrer enfin à l'action

---

(1) Quand nous avons terminé cet ouvrage, les Mémoires de l'adjudant-général *Ramel* n'étaient point encore publiés. Les faits que contiennent ces mémoires, leur style, ne peuvent que venir à l'appui des efforts que nous a dictés l'amour de la Répulique, en faveur des martyrs de la liberté ; de ces hommes précieux, dont le génie et le patriotisme doivent, peut-être, seuls, opérer notre salut. Puisse le corps législatif entendre nos justes réclamations, et par l'acte de justice que nous sollicitons, anéantir les espérances des royalistes et des factieux, qui n'attendent la réussite de leurs infâmes projets, que de la division des véritables républicains, et sur-tout de l'éloignement de ceux qui ont déjà, en vingt occasions, servi si utilement la République, et *ont juré, sous le glaive de la proscription, d'être toujours ses plus fidèles amis !......*

de la justice, tous ceux qui ont coopéré indirectement à l'accomplissement du projet, et couvrir ainsi la France de proscrits! Eh bien, avant de quitter la plume, je vais démontrer, moi, que le droit isole les coupables, je vais pulvériser cet échafaudage monstrueux, et forcer l'injustice dans ses derniers retranchemens !

Où cherchez-vous tant de victimes ?

Chez les représentans du Peuple qui ont légitimé l'usurpation par leurs actes, et signé l'arrêt de leurs collègues ?..... Loin qu'on soit fondé à exercer aucune poursuite contre eux, ils ont encore des droits sacrés à la reconnaissance nationale ! Que serions-nous devenus, je vous prie, si ces représentans eussent résisté à l'empire des circonstances ? Oh! la conséquence nécessaire de ce courage inutile et déplacé est facile à prévoir ! Le Corps législatif eût

(63)

été dissous, et nous n'aurions pu trouver la fin de notre esclavage que dans les convulsions du désespoir; convulsions que sait prévoir un tyran, qu'il comprime à son gré, et dont il se sert souvent pour resserrer la chaîne oppressive ! A ce moment, la force n'était rien, l'adresse pouvait seule nous sauver. Il fallait feindre une soumission aveugle, un entier dévouement aux desirs de l'usurpateur, pour conserver la possibilité de sortir un jour de servitude; tout lui accorder, excepté la dissolution du Corps législatif, ou le changement de sa composition !

Chez les soldats ?..... ils ont rempli un devoir sacré en obéissant à leurs chefs!

Chez ces chefs ?..... la hiérarchie des pouvoirs est aussi leur justification !

Chez les personnes qui ont fourni les pièces de la prétendue conspiration ?....... Est-on certain que ces pièces soient leur ouvrage ? N'ont-elles pas pu elles-mêmes être trompées ? et, en admettant même cette certitude , aussi éloignée du point central , a-t-il été bien difficile de les induire en erreur sur les événemens ? Eh ! à bien examiner la chose , leur culpabilité dans ce cas se convertirait bientôt en un acte de patriotisme. Tout ce que renferme d'intentions louables une action qui avait pour objet d'empêcher la contre-révolution (1), leur appartient ; le crime retombe sur ceux-là seulement qui les ont égarées, et se sont servis des pièces de supposition.

Ce nombre effrayant d'accusés se réduit donc à trois , desquels je soustrais encore un (2). Il vous reste encore à punir

---

(1) Ce mot est celui par lequel on a excité nos armées contre le Corps-législatif.

(2) Non, le héros du 9 thermidor n'a pu conspirer le retour de la tyrannie ! Non, le défenseur de la représentation nationale n'a pu résoudre sa ruine ! Deux hommes perfides l'auront trompé, profitant de la disposition de son esprit ; irrité , peut-être, de l'attaque personnelle dirigée contre lui par le Corps-législatif. Attaque qui fut, sans-doute, encore l'ouvrage d'agitateurs servant les projets de ces ambitieux ;

deux hommes généralement exécrés, si toutefois, par mépris, vous ne vous montrez pas aussi généreux, à leur égard, que le furent les Romains envers *Sylla*.

A présent que j'ai rempli ma tâche, je me retire avec la sécurité d'un honnête-homme, et la confiance d'un républicain. Si quelqu'un relève le gage du combat, je reprendrai la plume, et je ne puis manquer de sortir victorieux d'une lutte aussi inégale.

Je devais cet écrit à ma conscience, cette expression de mes sentimens à la Nation, qui a droit de m'en demander

---

en politique ; rien ne doit surprendre, et tel parti souvent croit faire merveilles, qui cède à l'impulsion d'un ressort préparé par le parti contraire pour sa ruine. Non, *Barras*, l'opinion publique t'a toujours distingué de ces hommes, qui eurent soin de s'assurer, à l'instant même de l'usurpation, la majorité contre toi, en associant *Merlin* à leur pouvoir. L'opinion publique te peignit toujours étranger aux crimes de cet abominable triumvirat, et les amis de la liberté n'ont pas cessé d'espérer en toi.

compte, cette déclaration raisonnée à mes concitoyens les moins éclairés. *Peuple*, dirai-je, en leur remettant cet écrit, et attribuant à la circonstance particulière, des paroles qui, heureusement, ne viennent d'être, pour les législateurs de l'an VII, que le présage de la victoire : *Peuple, si tes législateurs ont succombé dans cette lutte honorable ; s'ils sont devenus les victimes des complots formés contre eux ; si leurs intentions, leur honneur même, furent attaqués par la publication de faits controuvés, de pièces préparées et fabriquées pour les perdre, et faire taire l'opinion publique, quand ils ne seraient plus ; apprends du moins quelles causes ont amené ce fatal événement, quelles mains impures ont conduit les coups. Recueille les faits et les preuves, et défends la mémoire des fonctionnaires fidèles !......!!*

F I N.

E R R A T U M.

Page 12, ligne 9, *réduits ;* lisez *séduits.*

LIVRES NOUVEAUX,

Qui se trouvent chez le même Libraire.

LA VÉRITÉ A CEUX QUI NOUS GOUVERNENT, ou *Manuel moral de l'Homme Public.* Par *Pierre Blanchard.* Prix : 1 franc 50 centimes, et 2 francs, franc de port.

> ARISTIDE fut banni injustement, et ne se plaignit point ; il occupa les premiers emplois de la République, et mourut pauvre.

ELISCA ou *l'Amour Maternel*, drame lyrique, en trois actes en prose , mêlé d'arriettes. Paroles d'ED. *Favières.* Musique de *Grétri.* Prix : 1 franc 25 centimes, et 1 franc 50 centimes, franc de port.

ADOLPHE ET CLARA ou *les Deux Prisonniers,* comédie en un acte et en prose, mêlée d'arriettes. Paroles de B. J. *Marsollier.* Musique du citoyen *d'Aleyrac.* Prix : 1 fr. , et 1 franc 25 centimes franc de port.

LE DEVOIR ET LA NATURE , drame en cinq actes et en prose. Par le citoyen *Pelletier-Volméranges*.

On s'abonne aussi, chez le même libraire, au MERCURE DE FRANCE. Chaque numéro de cet ouvrage périodique est composé de quarante-huit pages grand *in-*12, et paraît les cinq et dix de chaque décade, exactement.

Le prix de l'abonnement est de 40 francs pour l'année, franc de port.

On trouvera au bureau du Mercure des collections de tous les numéros qui ont paru depuis sa renaissance.

www.ingramcontent.com/pod-product-compliance
Lightning Source LLC
Chambersburg PA
CBHW051222070726
47595CB00018B/989